16	3	2	13
5	10	11	8
9	6	7	12
4	15	14	1

Fabio Weintraub

BAQUE

editora 34

EDITORA 34

Editora 34 Ltda.
Rua Hungria, 592 Jardim Europa CEP 01455-000
São Paulo - SP Brasil Tel/Fax (11) 3816-6777 www.editora34.com.br

Copyright © Editora 34 Ltda., 2007
Baque © Fabio Weintraub, 2007

Edição com apoio da Secretaria de Estado da Cultura,
Governo do Estado de São Paulo.

A FOTOCÓPIA DE QUALQUER FOLHA DESTE LIVRO É ILEGAL E CONFIGURA UMA
APROPRIAÇÃO INDEVIDA DOS DIREITOS INTELECTUAIS E PATRIMONIAIS DO AUTOR.

Imagens da capa e 4ª capa:
Detalhes de fotografias de Marco Buti —
capa: Sem título (Ir), *2002; 4ª capa:* Sem título (Ficar), *2004*

Capa, projeto gráfico e editoração eletrônica:
Bracher & Malta Produção Gráfica

Revisão:
Alberto Martins, Carla Mello Moreira, Cide Piquet, Fabrício Corsaletti

1ª Edição - 2007

CIP - Brasil. Catalogação-na-Fonte
(Sindicato Nacional dos Editores de Livros, RJ, Brasil)

Weintraub, Fabio, 1967
W149b   Baque / Fabio Weintraub — São Paulo:
Ed. 34, 2007.
72 p.   (Poesia)

ISBN 978-85-7326-388-6

1. Poesia brasileira. I. Título. II. Série.

CDD - B869.1

BAQUE

para Antônio, talismã e caminho

Não me sentia bem, mas disseram que eu estava bastante bem. Não disseram expressamente que eu jamais ficaria melhor, mas estava subentendido.

Samuel Beckett

A pior parte é a maior.

Provérbio grego

QUANDO O AMOR RECUPERA A VISÃO

Tão logo alguém se aproxima
joga-se no chão
finge ter sido espancado
roubado até o último vintém

Se o ajudam a erguer-se
abraça a alma caridosa
esvaziando-lhe a bolsa

O maligno o arrasta
através do fogo
através do vau e do redemunho
do lamaçal e do charco
põe facas em seu travesseiro
ratoeiras em sua sopa

Ele também
não faz por menos:

bebe pinga com o cachorro
joga dados viciados
cede o corpo a proxenetas

É fustigado nos albergues
nos hospitais públicos
e posto na rua a pontapés
quando o amor recupera a visão

ESTIRPE

as que enfunam o vestido
dizendo-se grávidas
os que mastigam sabão
até sangrar o nariz
os que queimam a pele
com pomadas
os que passam no corpo
esterco de cavalo
os que portam chocalhos
à maneira dos lázaros
os que entrevados fogem
com grande velocidade
os que amarram sobre os olhos
lenços ensangüentados
os que em frente às igrejas
espojam-se nus
os que afirmam ter sido roubados
os que pedem apenas o necessário
para inteirar a passagem

A OCASIÃO FAZ O LADRÃO

O ladrão busca
o mesmo que nós:
o negócio perfeito

O lance é não dar moleza
A atitude da vítima
desencadeia a ação criminosa

Quem anda sozinho
em lugar ermo
olhando o infinito
está pedindo

Quem segue sempre
o mesmo caminho
pára no sinal
à esquerda
na primeira fila
está pedindo

Na bolsa
uma segunda carteira
é de bom alvitre

Ao atender a campainha
fale alto, bem alto
como se estivesse
conversando com mais alguém

VERDADE

Esta dor é aguda
piora com o calor
a luz os movimentos

Da primeira vez
era gastura de lágrimas
uma chuva muito quente

Peço uma ajuda porque
preciso morar na pensão
pra cozinhar arroz
feijão ovo salsicha
e não beber
água quente da torneira

Já trabalhei em lotérica
supermercado lanchonete
fui faxineiro
ajudante de pintor
vendi picolé vendi pão

Cada esquina cada noite
o diabo me segue com voz de mel
se a dor vem
fico frouxo
entrego o corpo
(na rua é mais perigoso)

Por isso peço
a sua ajuda:
eu falo a verdade

MASOCASTA

Só Jesus
tira o demônio da axila
onde o beijo quer morar
sem dinheiro pro aluguel

Só Jesus
clareia os hematomas
a paixão do alicate
pelo mamilo da gorda

Só Jesus
lava as chagas
onde pus meus ovos
por falta de carinho

Perdoai-a, Senhor,
ela não sabe o que finge

PREÇO

Meu casaco
acha bonito?
De segunda mão

De segunda meu cabelo
o sorriso que te dei
na última quarta-feira
e a promessa que farei
cega e nua sob aplausos

De segunda aquele orgasmo
leiloado por credores
a cicatriz que se alastra
na tenda dos camelôs

Novo somente
o perdão por conhecer
todas as coisas e gestos
pechinchados sem vergonha
redimidos pelo uso

Sempre novo esse perdão
inédito
como uma farpa sob a unha
no polegar esmagado

A IMPRECADORA

Sou puta, sim, puta e anti-social
mas chupo o dedo sem unha
com boca de pelúcia

Podem vir, que venham
todos os síndicos e o padre viado
fabricante de mendigos
o importador de anões

Podem vir a negranhada
os homens-fêmeas
a indiarada os baianos
judeus nordestinos
o lixo a bosta o esgoto

Passaram antraz na minha boca
na minha gengiva
torturaram meu rosto
minha arcada dentária
seios nádegas olhos nariz
queixo pescoço garganta
cérebro ânus vagina
comeram toda a carne do meu corpo
vodu na boca lábios gengiva

Enfia o farol na buceta
da puta-mãe de vocês
no cu da puta-vaca
da tua mãe-esgoto

Sou eu aqui
dormindo na rua
saia verde camisa preta
Todos precisam de mim

BOMBARDEIO OU TERREMOTO?

Perdido no limiar
da faixa de pedestres
não consegue atravessar

O esparadrapo a desprender-se
do sexo amarfanhado
que ele enxugara na véspera
com a toalha de rosto

Tonto e pálido
com flores murchas
a despontar da sacola
escora-se nos objetos
da paisagem em desmanche
— presa dos sedativos
que ainda tem de tomar

Na falta de algum vizinho
que o reconheça
decerto o tomarão
por doido ou mendigo
ainda que se encontre
a um quarteirão apenas
da própria casa

ASSUNTO

Muito triste, péssima
sobretudo de manhã quando acordo
Tremo demais
penso em ligar pra você

Estou morrendo
Não queria, mas é assim
Ninguém está me matando, sou eu
Você não conhece meus atos
Não vá, fique
Preciso tomar os remédios

Estou me indispondo com todos
A mãe de Z. fica deprimida
porque não converso com ela
Não converso, não tenho assunto

Começaram a campanha de vacinação
Fiquei sabendo pelo zelador
Preciso me vacinar
Preciso tomar o remédio
e um copo de leite

É tarde, vá pra casa
Você está cansado, vá

ESTATUTO DO IDOSO

Saiu da fila única
entrou na de idosos
Uns setenta anos
e o tergal da calça branca
com os bolsos meio sujos

A peruca quase egípcia
de tão lisa e negra
a despeito de uns fiozinhos
brancos encaracolados
pela têmpora vazando

Mas de gênio o toque mesmo
foi molhar a dita cuja
pra conseguir um aspecto
mais natural, convincente

Sentia-se bem disposto
a ponto de dispensar
o atendimento preferencial

Contudo o calor e a demora
gastaram-lhe o ânimo
secaram a peruca

Passa na frente
paga o boleto
guarda o assobio

FOTOGRAFIA

De cócoras
como quem ora
ou pragueja
sob a marquise
a mulher

Oculta
pelos caixotes
embriagada
entre sobras de repolho

Pela calçada em declive
cachorros lambem o chorume

Penso na foto
franzindo a testa

solidário
         imprestável

ESPERA

Quando estou sem remédio
tudo jaz em torno ao berço
parado quieto seguro

As janelas não convidam
as lâminas desanimam
o gás nada promete

Em cada quina uma espuma
embota o gume
em cada gesto um arreio
rasga a vontade

Ninguém se atreve
no auge da tristeza
Sem luz ninguém se apaga

Porque estou assim
pensam que me conformo
mas um fósforo molhado
ainda pode secar

TARDO

Foi quando notei que a linha
de implantação dos cabelos
nela havia recuado
até o alto do crânio
o que marcava ainda mais
as feições masculinas
o avantajado nariz

Os dedos ali na fronte
numa pressão insistente
contra o que parecia
sinal de dor ou cansaço
as unhas muito polidas
sobre a testa oleosa
a distrair nosso olhar

Tudo questão de segundos
o tempo só de pensar
que algo não ia bem
átimo em que se capta
um som de osso quebrado
cheiro de fruta vencida

até que outro passageiro
mais atento e comovido
tocou-lhe o braço e indagou
se ela estava bem
se precisava de ajuda

AGUARDENTE E PÓLVORA

Deu errado o que faltava
Estou como quem acorda
sem ter para onde correr

Gigolei puta doente
roubei firma
botei fogo
vendi pedra
malhei pó

Agora só lambo caco
vivo mijado e com fome

Tremo de frio, calor
alguém manda beber
aguardente e pólvora
quarenta dias seguidos
para ver se enxugo
as poças de dentro

Se eu pudesse
fincava um prego no céu
e amarrava a corda
para o teu pescoço

CONCENTRAÇÃO

A mesa afasta o olhar da janela
A escopeta desmente o horóscopo
A meia engole o caminho
A sopa embaça o cansaço
O medo embota o juízo
que baralha a sentença
desanda o calendário
aleija o relógio e abre
abrupto
goelas de galo
nas manhãs de patíbulo

JÁ FOI CAPA DA *PLAYBOY*

Nas poucas vezes
em que sai de casa
caminha anônima
pelas ruas da Lagoa

Sempre com a mesma roupa
a cabeça baixa

Não paga o condomínio
vive sem gás
água, telefone

Agora só usa a sala e o banheiro
Os outros cômodos do apartamento
foram trancados

Jogou o interfone no lixo
não atende à campainha
e ninguém se lembra
da última visita que recebeu

À noite se manda
para a rodoviária
o aeroporto
volta de táxi
dá calote

Desfruta a caminho do escuro
da companhia exata
de um comprimido azul

BAQUE

ou buquê de seqüelas
em fratura imposta
ao que era doçura
e agora se bate
no leito equipado

O coração feito gelatina
bomba que descamba e manda
sangue para os pulmões

De uma hora para mais nenhuma
a doutora morde a língua
a profecia sai torta
esconjura o desastre

Passa a sombra de fininho
mas ali onde arou
fica sempre mais frio
e o pêlo não cresce

CONTRA O CHÃO

Qual britadeira
bate a bengala
contra o chão
como se quisesse
vingar-se da infirmeza
dando ao pavimento
a irregularidade
em que
os demais
também
tropeçarão

ELA

Franjinha sebosa se levanta
do banco onde está
e vem sentar-se ao meu lado
no ônibus vazio

Talvez seja secretária
Talvez preencha boletos ou monitore
as entregas dos *motoboys*
Talvez lave a franja
duas vezes por semana
coma *pizza* em dias alternados
tenha um gato e se masturbe
quando a novela acaba

Tão logo toma assento
cerra os olhos, cabeceia
Tenho medo de que babe
perca o equilíbrio e desabe
sobre a minha pessoa

Dedos cruzados
em posição de prece
sua postura é bizarra

Ela é devota de algo ou de alguém
e seu sono conta pontos
no placar sombrio de algum país
aonde os versos não chegam

VOLTE, POR FAVOR, VOLTE!

Tendo fechado o motoqueiro
que o outro xingou sem medo
viu-se em péssimos lençóis
quando o dito cujo
emparelhou com o carro
— ódio nos olhos

"Vão brigar", logo pensei
e serei atingido
por canivete ou tiro

Meu rosto será desfigurado
no hospital haverá filas

Talvez fique cego
talvez perca o emprego
e me aposente
por invalidez ou feiúra

Isso tudo num átimo:
o cheiro de éter
varando a fuligem

Devo estar louco
"volte, por favor, volte!"
O tempo exato
de o vermelho passar a verde
e a moto sumir na curva

PESSOAS JURÍDICAS NÃO ODEIAM

Contraditório, e daí?
As pessoas mudam
os tempos mudam

Não sou neurótico de guerra
pra ficar defendendo
territórios já anexados

O ostracismo cansa:
se voltei ao *mainstream*
é porque estou vivo

Tenho 50 anos
não vou posar de herói
Quero que se foda
a coerência do criador
é a obra que importa

Não vou bancar o mártir

O Brasil está desse jeito
por ser católico, culpado e de esquerda
Vamos ser ricos, não coitados

Não sei se tem jabá:
cale a boca
ouça a música

LOVE ME TENDER

Antes de se tornar cantor
Rod Stewart foi coveiro
como todos os homens de sua família

Nos Estados Unidos
há mais de 53 milhões de cachorros
Cachorros adoram enterrar ossos

Todo ano milhões de árvores
são plantadas acidentalmente
por esquilos que esquecem
onde enterram suas nozes

As linhas aéreas norte-americanas
economizaram 40.000 dólares em 1987
eliminando uma azeitona de cada salada
servida durante o vôo

Azeitona é o nome
comumente usado
para designar os projéteis
que recheiam um cadáver
(também conhecido como presunto)

7% dos americanos acreditam
que Elvis Presley está vivo

Escovas de dente azuis
são mais usadas que as vermelhas

UM BALANÇO

do qual só restasse a trave
sem assentos
suspensos por corrente
sem crianças oscilando
de pernas abertas
em meio a risos e gritos
nem adultos
atrás empurrando
para a frente
para o alto
cada vez mais
longe
mais forte
até o
crânio aberto entre cascalho e bem-te-vis

DESPERTO

Durante séculos só se podia
ferir alguém de perto
— distância de flecha ou lança
Então veio a pólvora
afastar as coisas

Um anão que pega fogo
é atropelado e sai ileso
devolve-me à realidade

A mulher que golpeia um urso
com a frigideira
para salvar seu homem
devolve-me à realidade

Arrastar montanha acima
navios de verdade
quando todos tentam dissuadi-lo
também

Por isso os fatos não me importam
não confio em professores
e descobri:
psicóticos não devem ser hipnotizados

OS ÚLTIMOS SERÃO TODOS

Depois de três anos
se não compra a campa
tem que exumar a ossada
pôr na gaveta

A prefeitura fez campanha
Minha família comprou uma
Já pusemos lá minha sogra
meu cunhado, o pai dele

No fundo fica o ossário
para onde vai
o defunto fresco —
um após outro
em camadas

Exumar depois é triste:
para tirar
quem ficou mais embaixo
tem que tirar todo mundo

PEITO

Em decúbito dorsal
no meio dos camelôs
às duas da tarde
o aleijão

Vejo o tórax deformado
o rosto muito vermelho
olhando o céu punitivo

Altíssimo o esterno
e deslocado à esquerda
o que fazia pensar
no espaço de órgãos internos
como pulmões, coração
seguindo o peito em ogiva

Mas a chuva que despenca
interrompe a conjectura

Calças, meias, guarda-chuvas
pilhas, tênis e bermudas
o cabelo dos passantes
mais o tórax do aleijão
tudo lavado na mesma água
que os molha sem os relacionar

BOCA

Bem debaixo da gengiva
a cárie tinha atacado:
no bolsão formado
pelo desgaste do osso

Por isso passara incólume
na derradeira inspeção
só despontando agora
quando, estragada a polpa,
o molar já latejava

O canal permanecia intacto
a poucos milímetros do desastre
mas a broca o exporia

Não sei se por azar
ou por nítida imperícia
a agulha lesou o nervo
para além da anestesia

(Vão dormir para sempre
a borda da língua
e metade do lábio)

Aberto o canal
extrai-se a raiz:
cada dente, uma lápide
onde meu nome se escreve

ENVELOPE PARDO

O doente não é apenas seu corpo
mas as paredes que o cercam
a mosca que nelas pousa
São os vincos no lençol
a luz coada pela cortina
a mão que se lava
O doente é o gato no jardim
o vendedor de ervas
a prece escorrendo longe
E também o lanche antes da visita
as cifras no prontuário
o nome e o preço dos remédios
a cor da tinta
com que se assina a receita
É por fim a chuva insistente
a televisão desligada
o jornal se acumulando
a comida que sobra na geladeira
os óculos ociosos
a dentadura entregue num envelope pardo

PERTO DAQUI

Velho o bastante
para ser machucado
agarrou-se à pilastra
virou o rosto

O cara veio na nóia
(o alvejante em pessoa)
Com raiva sanitária
avermelhou a calçada

Dois ou três golpes
no cofre do crânio
derrotam qualquer blindagem

Felizmente sobreviveu
ficou porém desse jeito
mais aberto

Nunca mais será o mesmo
tampouco será o outro

Seu pensamento agora vaza
entram barulhos, a brisa
e toda sorte de insetos

CABEÇA

No hospital ficou só 24 horas
dez dias com a cabeça inchada
sem tirar os pontos

> *A estereotaxia consiste*
> *em prender com parafusos*
> *um halo metálico*
> *ao crânio do paciente*
> *a fim de perfurá-lo*
> *com uma broca 2 mm*

Quase não come
aceita água
Depois voltou a ter
os tais acessos
quebrou a porta do quarto
e o vaso sanitário

> *Introduz-se então*
> *a ponta incandescente*
> *de um estilete*
> *para cauterizar a área*
> *cortar as linhas da agressividade*

A família o mantém amarrado
preso por cordas
a um gancho na parede

> *Queimam-se áreas*
> *muito menores*
> *que as outrora lesadas*
> *na lobotomia*

Fica nu
a maior parte do tempo
pra não rasgar a roupa
e engolir as tiras

PERDOA, ESQUECE

Com anestesia, é claro
Anestesia, oxigenação e
monitoramento cardíaco —
além de um controle
mais preciso da amperagem
necessária à convulsão

Sem isso as convulsões falhadas
(em que perdura a consciência)
provocam sensações de dor

A proteção bucal reduz o risco
de lesões na mandíbula
e outros problemas odontológicos

Suspendendo o velho estigma
o tratamento é indicado
a pacientes idosos
e também a gestantes

E se ao fim do processo
um apagão zerar
a central das lembranças
tanto melhor:
por amnésia forçada
a virgindade refaz-se
o trauma vira perdão

O QUARTO

Feito alguém contra você
do outro lado da mesa

Quando menos se espera
na fila do supermercado
some o carrinho de compras
A sala se enche de neblina

Coisas pequenas aumentam
como ferida que volta
pelas costas

Enquanto o retalham e costuram
sob pretexto de cura
reformam seu escritório
mudam tudo de lugar

Você retorna
vê tudo mexido
chega mesmo a pensar
se de fato não morreu

É assim que o quarto ficará
quando você se for

DÚCTIL

Por cortesia da escuridão
pintaram de preto
as unhas do médico

Entre veludos de mofo
e embalsamados prepúcios
tenazes puxam mamilos
Soa a canção dos guindastes

A unha escura levanta a pele
e pinça o nervo adequado
à produção do esgar

Provocará desse modo
o dobro da piedade
e no seu velho chapéu
mal caberão as moedas

Mas se a máscara pesar
devolvem-lhe a soco as feições

HIPOMÍMICA,

disseram
Por impregnação ou ressecamento
o couro do rosto enrijecera

Inerte o elástico da máscara,
com que então exprimiria
desejos que já não tinha
no coração descorado?

Inábil para o sorriso e para a súplica
de que modo apelaria aos circunstantes?

Desde agosto está assim:
feições congeladas
a boca que não desfranze
e as maçãs imóveis

Porém deduzo seu ódio
na mandíbula travada
nas manchas do colchão
na pressa que me despede
com cara de gesso e fossa

Vai rasgar meu retrato
cuspir no meu nome
mastigar o cordão
por onde o ar nos unia

MALIGNO

Já marcaram a extração do rosto

Tirando o falso incisivo
os dentes na gaze não sangram mais

Moscas brotam do ar
e voam baixo
mareadas

Por trás da lente rebrilha
o olho do taxidermista

Tudo em breve será mais simples:
guardaremos os sapatos
cobriremos os espelhos
e o quisto crescerá no vazio

TRANSPLANTE

Tendo a parte inferior do rosto
arrancada por seu próprio cão
que ao vê-la desmaiada
tentou aflito acordá-la

tendo perdido em função disso
as capacidades de fala e mastigação
entre outras inúmeras
funções da face

aceitando submeter-se
ao primeiro transplante desse tipo
e recebendo, portanto, o triângulo
formado por nariz, boca e queixo

de uma doadora já idosa
cuja remoção de tecidos
foi autorizada pela família após
constatação de morte cerebral

tendo religado veias e artérias
para irrigar o retalho de pele
que talvez lhe permita com sorte
voltar a beijar e a sorrir

(desde que, é claro, prossiga
tomando imunossupressores
a fim de evitar rejeição
tão comum nesses casos)

a paciente encontra-se bem
no plano físico, no psíquico
e também no imunológico
asseveram os médicos

Contudo só daqui a
quatro ou seis meses
poderemos saber
se a sensibilidade voltou

se as novas feições
resultantes do encontro
entre o que restou da antiga
face e o enxerto incerto

compõem um todo harmônico
por onde volte a passar
o vento da voz
a luz dos apelos

ou se tudo acabará
num mero ricto grotesco —
remendo horrendo
para fundilhos

NOTA SOBRE OS POEMAS

Os poemas que compõem este livro foram escritos entre 2002 e 2007. Alguns deles foram publicados anteriormente, em versões preliminares, nos seguintes veículos:

Caderno "Mais!", *Folha de S. Paulo*, 17 de novembro de 2002, p. 20 ("A ocasião faz o ladrão");

Cacto: Poesia e Crítica, São Paulo, nº 2, outono de 2003, pp. 34-5 ("Quando o amor recupera a visão" e "Preço"); nº 3, primavera de 2003, pp. 39-40 ("Tardo" e *"Love me tender"*);

Jandira: Revista de Literatura, Juiz de Fora, Funalfa Edições, nº 1, primavera de 2004, pp. 26-7 ("Peito", "Aguardente e pólvora" e "Estatuto do idoso");

Revista Camoniana, Bauru, Editora da Universidade do Sagrado Coração (EDUSC), 3ª série, vol. 17, 2005, pp. 335-6 ("Preço" e "Perto daqui");

Poesia Sempre, Rio de Janeiro, Biblioteca Nacional, ano 13, nº 21, 2005, pp. 98-9 ("Maligno" e "Um balanço");

O Casulo (o-casulo.blogspot.com), 17 de janeiro de 2007 ("Cabeça").

AGRADECIMENTOS

a Alberto Martins, Alfredo Bosi, Ana Paula Pacheco, Andrea Catropa, Chantal Castelli, Dolores Prades, Eduardo Sterzi, Fabrício Corsaletti, Glauco Mattoso, Manuel da Costa Pinto, Maria Lúcia Dal Farra, Moacyr Scliar, Nankin Editorial, Paulo Ferraz, Pádua Fernandes, Priscila Figueiredo, Ricardo Rizzo, Ronald Polito, Ruy Proença, Tarso de Melo, Tércio Redondo, Valentim Facioli e Viviana Bosi.

SOBRE O AUTOR

Fabio Weintraub nasceu em São Paulo, em 24 de agosto de 1967. Psicólogo pelo Instituto de Psicologia da Universidade de São Paulo, atualmente cursa o mestrado em Teoria Literária na Faculdade de Filosofia, Letras e Ciências Humanas da mesma universidade. Publicou os livros de poemas *Sistema de erros* (São Paulo: Pau-Brasil, 1996), vencedor do prêmio Nascente, em 1994, e *Novo endereço* (São Paulo/Juiz de Fora: Nankin/Funalfa, 2002), que recebeu os prêmios Cidade de Juiz de Fora, em 2001, e Casa de las Américas (Prêmio Especial/ Embaixada do Brasil em Havana), em 2003. Trabalha como editor em São Paulo.

ÍNDICE

Quando o amor recupera a visão 11
Estirpe 13
A ocasião faz o ladrão 14
Verdade 16
Masocasta 18
Preço 19
A imprecadora 20
Bombardeio ou terremoto? 22
Assunto 23
Estatuto do idoso 24
Fotografia 26
Espera 27
Tardo 28
Aguardente e pólvora 30
Concentração 31
Já foi capa da *Playboy* 32
Baque 34
Contra o chão 35
Ela 36
Volte, por favor, volte! 38
Pessoas jurídicas não odeiam 40
Love me tender 42
Um balanço 44
Desperto 45
Os últimos serão todos 46
Peito 47
Boca 48
Envelope pardo 50

Perto daqui 51
Cabeça 52
Perdoa, esquece 54
O quarto 56
Dúctil 57
Hipomímica, ... 58
Maligno 60
Transplante 61

Nota sobre os poemas 65
Agradecimentos 66
Sobre o autor 67

ESTE LIVRO FOI COMPOSTO EM SABON, PELA
BRACHER & MALTA, COM CTP DA FORMA
CERTA E IMPRESSÃO DA BARTIRA GRÁFICA E
EDITORA EM PAPEL PÓLEN BOLD 90 G/M² DA
CIA. SUZANO DE PAPEL E CELULOSE PARA A
EDITORA 34, EM NOVEMBRO DE 2007.